LE
DROIT INTERNATIONAL PRIVÉ

DANS LA

LÉGISLATION ITALIENNE

PAR

M. PIETRO ESPERSON

Professeur à l'Université de Pavie,
Membre de l'Institut de Droit international.

Extrait du *Journal du Droit international privé*, année 1880

PARIS

MARCHAL, BILLARD ET Cᵉ

Libraires de la Cour de cassation, 27, place Dauphine

1880

LE DROIT INTERNATIONAL PRIVÉ

DANS LA LÉGISLATION ITALIENNE

SECONDE PARTIE

PRINCIPES CONSACRÉS PAR LE LÉGISLATEUR ITALIEN POUR RÉSOUDRE LES CONFLITS DE LÉGISLATIONS ÉMANÉES DE SOUVERAINETÉS DIFFÉRENTES.

Titre premier.

Conflits relatifs à l'état, à la capacité personnelle et aux rapports de famille.

SOMMAIRE : 1. Les principes pour résoudre les conflits de législation ont été formulés par le législateur italien dans l'article 6 et suivants des dispositions préliminaires du Code civil.

2. Systèmes proposés pour résoudre ces conflits. Caractères de la doctrine *des statuts.*

3. Cette doctrine, telle qu'elle était généralement entendue, a été abandonnée par le législateur italien.

4. Conflits relatifs à l'état et à la capacité des personnes.

5. La loi personnelle suit l'individu même à l'étranger.

6. Dans certains États on considère la *lex domicilii* comme personnelle, dans d'autres c'est la loi nationale qu'on regarde comme telle.

7. Le législateur italien a donné la préférence à la loi nationale en considérant le principe de nationalité comme la base du droit international privé.

8. Cette loi est applicable tout aussi bien aux nationaux à l'étranger qu'aux étrangers en Italie.

9. Discussion au sein de la commission de coordination.

10. Les rapports de famille sont aussi réglés par la loi nationale.

11. C'est un principe admis par la science que le droit privé est personnel contrairement au droit public qui est *territorial.*

12. Aussi les lois invoquées par l'étranger ne peuvent point déroger au droit public du pays devant les tribunaux duquel on en demande l'application.

13. Cette théorie a été consacrée par le législateur italien.'

14. Analyse de l'article 12 des dispositions préliminaires du Code civil italien.

15. Application du principe consacré par le législateur italien aux questions relatives à l'état des personnes.

Esp.   3

16. Aux questions relatives à la capacité personnelle.

17. Ce n'est pas seulement la capacité civile, mais encore la capacité d'émettre des lettres de change qui se trouve régie par la loi nationale.

18. Critique de la disposition de la loi allemande sur les lettres de change relative à la capacité de l'étranger.

19. Limitation du principe que l'état et la capacité des personnes sont réglés par la loi nationale dans le cas où cette loi est contraire au droit public italien. Exemples.

20. La capacité des personnes morales légalement reconnues à l'étranger est réglée par la loi du lieu où elles ont leur siège.

21. Enfin les rapports de famille sont régis par la loi nationale.

22. Pour les rapports conjugaux, lorsqu'il s'agit d'époux de nationalité différente, la loi applicable est la loi nationale du mari.

23. C'est d'après cette loi que devra se décider le point de savoir si le mariage peut ou ne peut pas être dissous.

24. Les tribunaux italiens ne peuvent pas admettre une demande en divorce proposée par deux époux étrangers.

25. C'est d'après la loi nationale des parents que seront réglés les rapports entre eux et leurs enfants.

26. La tutelle est réglée par la loi nationale du mineur.

27. La question préjudicielle relative à la nationalité d'une personne doit être décidée d'après les dispositions réglementant à la perte et à l'acquisition de la nationalité du pays dont le titre est contesté.

28. Disposition de la législation italienne relativement au mariage des nationaux en pays étranger.

29. Disposition relative au mariage des étrangers en Italie.

30. Analyse de l'article 102 du Code civil.

31. Application de cet article.

32. Question relative à l'étranger qui, après avoir divorcé dans son pays, veut contracter mariage en Italie.

1. Étant donné que l'étranger est reconnu capable d'exercer en Italie les droits civils attribués aux nationaux, ainsi que cela résulte de la première partie de cette étude, la question de savoir si pour l'exercice de ces droits il doit ou ne doit point se conformer aux lois italiennes, ou, en d'autres termes, si les lois de son pays ou bien celles d'autres pays étrangers peuvent exercer leur empire relativement à lui, n'en reste pas moins intacte.

Ce problème relatif à la solution des conflits qui surgissent constamment entre les législations émanant de différentes souverainetés, par suite de leur divergence de ces lois dans la façon dont elles règlent les rapports à l'occasion desquels l'homme en déployant son activité se trouve soumis à l'empire de la loi, forme, en même temps que la condition juridique de l'étranger, la matière, et nous pouvons dire la principale du *droit privé international*. Les principes régulateurs de cette matière et des controverses fondamentales qui s'y rapportent ont été formulés par le législateur italien dans l'article 6 et suivants des dispositions préliminaires du Code civil.

2. Les systèmes exposés par les savants et consacrés par les différents législateurs, pour résoudre les conflits entre les législations, sont bien connus. Nous ne nous arrêterons pas à les exposer tous ici; nous nous bornerons à dire que la plus ancienne et la plus célèbre théorie, celle qui se trouve consacrée dans la plupart des législations, est celle qui a été nommée *statutaire*, parce qu'elle est fondée sur la distinction des statuts, ou lois, en *personnels*, *réels* et *mixtes*; les premiers statuts applicables aux *personnes*, les deuxièmes aux *biens*, les derniers, selon les uns aux matières *mixtes de personnalité et de réalité*, et selon les autres aux *formes extrinsèques des actes*.

Mais cette doctrine est tombée en discrédit à notre époque, parce qu'on a reconnu qu'elle n'avait pas de base certaine, et que pour cette raison elle donnait toujours naissance en pratique à des difficultés très graves. Tout le monde, en effet, connaît les discussions qui se sont élevées sur le point de savoir à laquelle des trois catégories indiquées appartenait un statut donné. En outre, cette doctrine ne fournit aucun critérium certain pour résoudre les conflits entre législations émanant de différentes souverainetés. En effet, ses partisans la restreignent par diverses exceptions, de telle sorte qu'il n'existe aucune règle invariable pour servir à définir les questions de droit privé international.

3. A première vue, il semble, ainsi que nous le dirons plus bas, que les dispositions de la législation italienne sont empruntées à la doctrine *statutaire*. Toutefois, il nous sera facile de démontrer, en combinant ensemble ces dispositions, que cette doctrine, telle qu'elle était généralement entendue, a été abandonnée par notre législateur, et, qu'au contraire, il a consacré une nouvelle théorie conforme aux données de la science et aux principes de la civilisation moderne.

4. Le premier rapport pour lequel l'homme est soumis à l'empire de la loi concerne sa personne. Toutes les législations contiennent des dispositions qui ont pour objet de régler l'état et la capacité des personnes. L'état est la condition juridique d'un individu considéré en soi-même, par laquelle il est envisagé comme national, comme majeur, comme marié, comme fils légitime, comme *sui juris*, etc., ou bien comme étranger, comme mineur, comme célibataire, comme

fils naturel, comme *alieni juris*, etc. Les effets qui dérivent d'une telle condition constituent la capacité personnelle, ou l'aptitude à jouir des droits et à contracter des obligations.

Mais de semblables dispositions ne revêtent pas partout un caractère uniforme, parce que les législateurs les font concorder avec les conditions spéciales des pays pour lesquels elles sont promulguées. De là il résulte que souvent on se demande si les lois relatives à l'état et à la capacité personnelle, auxquelles, justement parce qu'elles concernent les personnes, on donne communément la dénomination de *personnelles*, sont applicables uniquement aux nationaux, ou bien le sont en outre aux étrangers.

5. C'est un principe admis sans contestation que les lois personnelles suivent l'individu même en pays étranger, et l'on doit dès lors lui reconnaître la faculté de les invoquer partout, sans qu'on puisse lui faire l'application des lois édictées par un législateur étranger. En d'autres termes, on admet que l'état et la capacité des personnes sont invariables, en quelque lieu que ces dernières se trouvent. Les partisans eux-mêmes du principe que la loi n'exerce point son empire au delà du territoire du législateur, et que dès lors le juge ne peut point baser ses décisions sur d'autres lois que sur celles qui émanent du souverain qui l'a préposé à l'administration de la justice, font une exception à ce principe pour les lois personnelles, en invoquant la *comitas gentium*. Quels inconvénients ne résulteraient pas du fait que la condition juridique des personnes et les effets qui en dérivent ne dépendraient pas partout d'une seule loi, et que, par exemple, un individu considéré comme majeur et dès lors comme ayant la pleine aptitude de jouir de droits et de contracter des obligations dans un pays, devrait être considéré comme mineur, et dès lors subit une métamorphose civile, dans le cas où il se rendrait dans un pays étranger?

6. Toutefois, tandis qu'aux termes de certaines législations on considère comme personnelle la *lex domicilii*, c'est-à-dire la loi en vigueur au lieu où la personne fixe ou transporte son domicile ou principal établissement, sans avoir aucun égard à la nationalité de cette personne; aux termes d'autres législations on considère comme telle la *loi nationale*, c'est-à-dire qu'on présume que la loi de l'agrégation politique, à laquelle un individu appartient, relative à son État, à sa capacité personnelle, le suit partout à l'étranger et que dès lors les lois en vigueur à l'étranger ne lui sont pas applicables.

7. Le législateur italien, voulant accorder une faveur toujours croissante au principe de nationalité, qui se répand parmi les peuples

civilisés, l'a considéré comme la base du droit privé international, et pour ce motif, parmi les deux systèmes sus énoncés, a donné la préférence à la doctrine de la *loi nationale*. Il établit, en effet, dans l'art. 6 des dispositions préliminaires du Code civil, que l'état et la capacité des *personnes* sont réglés par la loi de la nation à laquelle elles appartiennent, et rejeta ainsi le système de la *lex domicilii* adopté par d'autres législateurs. En donnant la préférence au système de la loi nationale, notre législateur ne fut point guidé par des considérations d'utilité et de convenance réciproque des nations, mais il se conforma aux principes de la science, d'après lesquels on ne doit pas seulement reconnaître aux hommes la faculté de constituer cette aggrégation politique qu'ils sont naturellement portés à former par suite de leur communauté de sentiments, mais encore, après l'avoir constituée, de n'être gouvernés partout que par les lois émanant du pouvoir souverain de la même aggrégation politique, comme les mieux adaptées à leurs conditions d'existence spéciale. En d'autres termes, le principe de nationalité, qui est une conséquence de la reconnaissance de la personnalité humaine dans l'une de ses plus belles formes de développement, doit constituer la base aussi bien du droit international privé que du droit international public. Aussi un législateur accomplit-il un devoir de stricte justice, lorsqu'il reconnaît l'autorité de la loi nationale des personnes pour régir leur état et leur capacité, sauf la limitation dont il sera parlé plus loin. Mais il va de soi qu'il est inutile de parler du principe de nationalité dans les rapports du droit international privé, tant que ce principe ne sera pas reconnu dans les rapports du droit international public. Tant, en effet, que les différentes nationalités ne seront pas constituées, par la naissance d'un Etat formé par la réunion de toutes les parties de chacune d'elles, au lieu du principe de nationalité, force sera d'appliquer aux relations civiles internationales le principe de sujétion politique, en prenant comme synonymes les mots *Nation* et *Etat*, bien que juridiquement ils ne le soient point. Nous devons donc établir qu'il appartient à l'*Etat* ou aggrégation politique à laquelle un individu se rattache de régler sa condition juridique et sa capacité d'agir qui en découle. C'est ainsi que tant que les provinces vénitiennes étaient soumises à l'Autriche et les provinces romaines au pape, on ne pouvait point dire que l'état et la capacité personnelle des Vénitiens et des Romains étaient régis par les lois du royaume d'Italie. Ces lois commencèrent à être en vigueur relativement à ces provinces seulement après qu'on eut rendu hommage au principe de la nationalité italienne dans les rapports du droit international public, en leur permettant de s'unir à la nation à laquelle elles appartenaient naturellement.

De même, il va de soi que lorsque différentes législations civiles existent dans un même État, comme il existe plusieurs lois nationales, la loi applicable est la *lex domicilii*.

8. Le législateur italien considéra la loi nationale comme personnelle, sans distinguer entre les citoyens et les étrangers, car il employa pour désigner les uns et les autres le mot générique de *personnes*. Cette rédaction exclut toutes les controverses auxquelles avait donné lieu la législation française, dont l'exemple avait été suivi par les législateurs étrangers, en s'occupant uniquement des nationaux en pays étranger et en passant sous silence les étrangers qui séjournent dans l'État (1).

Si, dès lors, un Italien se rend en pays étranger, bien qu'il y ait fixé son domicile, il y emporte avec lui son état et sa capacité, l'état et la capacité étant inhérents à la personne et par conséquent en étant inséparables. Réciproquement, les lois qui régissent l'état et la capacité de l'étranger qui vient en Italie sont ceux de sa nation, bien que le siège principal de ses propres affaires et de ses propres intérêts se trouve en Italie. S'il en était autrement, si, en d'autres termes, un individu en entrant dans un pays étranger, devait laisser à la frontière la qualité et les attributs inhérents à sa nationalité et acquérir ceux qui se trouvent inscrits dans les lois du pays où ses goûts ou ses affaires le portent à s'établir, on en arriverait à mettre un obstacle sérieux à l'exercice de la première et de la plus nécessaire des libertés de l'homme, celle d'habiter dans la partie de la terre où il espère arriver à la plus grande perfectibilité possible dans l'ordre intellectuel, moral et économique. Il en viendrait, en effet, à en acheter l'exercice au prix exorbitant de la perte des droits personnels garantis par sa loi nationale. Par exemple, un Italien qui a 21 ans accomplis, et qui, pour ce motif, est capable à l'effet de remplir tous les actes de la vie civile (2), dans le système de la *lex domicilii*, ne pourrait pas, avant d'avoir 24 ou 25 ans accomplis, s'établir dans un pays où cet âge est exigé pour

____

(1) Le 3e alinéa de l'article 3 du Code civil français est ainsi conçu : « Les lois concernant l'état et capacité des personnes régissent les « Français même résidant en pays étranger. » L'article 12 du *Code Charles Albert* en vigueur dans le royaume de Sardaigne, et l'article 6 des *Lois civiles des Deux-Siciles* étaient conçus dans des termes analogues.

(2) Art. 323 C. civ. italien.

être considéré comme majeur (1), quand bien même il pourrait mieux servir ses propres intérêts dans ce pays que dans sa patrie. En effet, un établissement dans ce pays lui coûterait trop cher, parce qu'il lui ferait subir une métamorphose juridique, en le faisant de nouveau redevenir mineur, bien que d'après l'appréciation du législateur plus compétent de son propre pays il ait atteint l'âge nécessaire pour jouir de sa pleine indépendance dans le maniement de ses propres affaires. Il est vrai que le contraire pourrait arriver, et que le transfert de domicile dans un pays étranger pourrait avoir pour effet d'attribuer à celui qui l'effectue la capacité subjective dont il ne jouissait point aux termes de la loi nationale. C'est ce qui arriverait dans le cas où un citoyen du pays dont nous venons de parler viendrait s'établir en Italie à l'âge de 21 ans accomplis; il y serait considéré comme majeur, bien qu'aux termes de la législation de sa patrie il soit mineur. Mais il est à noter que, de même que la capacité est inhérente à la personne, de même aussi l'incapacité présumée qui lui est attribuée par la loi nationale lui reste imprimée comme une marque indélébile. En d'autres termes, de même que celui qui aux termes de cette loi est considéré comme capable, ne cesse point de l'être parce qu'il s'est rendu dans un pays où les individus placés dans la même condition que lui ne jouissent pas de la capacité juridique; de même celui qui dans son propre pays est considéré comme incapable n'acquiert pas la capacité en passant la frontière. Une loi étrangère, qui n'est pas adaptée aux conditions spéciales du national, ne saurait être invoquée ni à son avantage ni à son détriment. Jusqu'au jour où il n'aura pas acquis une nouvelle nationalité, sa capacité ou bien son incapacité ne peut être réglée que par le législateur de sa patrie.

9. Un membre de la commission de coordination (2) prétendait que la loi devait s'occuper uniquement des Italiens qui étaient à l'étranger, à l'exclusion des étrangers qui seraient en Italie, parce qu'autrement on arrivait à adopter une loi pour tout le monde, en obligeant les autres États à admettre un principe qui ne leur plairait peut-être point. On prétendit aussi qu'il valait mieux adopter le système de la *lex domicilii*, puisqu'on voulait parler aussi des étran-

----

(1) La majorité s'acquiert lorsqu'on a atteint 21 ans, aux termes des Codes d'Autriche, de Prusse et d'Oldembourg, et lorsqu'on a atteint 25 ans d'après les Codes espagnol, portugais, danois et wurtembergeois.

(2) Voir la note 1 sous le n° 3 de la 1re partie de cette étude, dans laquelle on explique la cause de l'intervention de cette commission dans la rédaction des articles du Code civil italien, *Journal* 1879, p. 331.

gers ; qu'en effet le mot *nation* indiquait une idée qui en beaucoup de cas pourrait être la source de difficultés, comme par exemple à l'égard des Allemands et des Suisses, qui font partie d'une nation qui est régie par différentes législations.

Mais le rédacteur de l'article 6 répondait que, bien loin d'imposer une loi aux autres peuples, on respectait leurs propres institutions, puisqu'on imposait aux magistrats italiens l'obligation, pour prononcer sur l'état et la capacité d'un étranger, de s'attacher à la loi nationale de cet étranger. Relativement à l'autre objection, ce même rédacteur faisait observer que si l'ancienne école enseignait que les rapports personnels étaient réglés par la *lex domicilii*, c'était parce que le droit statutaire était en vigueur, et parce que les diverses parties d'un même État étaient régies chacune par des statuts propres, de sorte que l'on ne pouvait dire véritablement que la loi de chaque individu était celle de son domicile. Le droit statutaire abrogé, le Code civil français a consacré le principe que les lois concernant l'état et la capacité des personnes régissent les Français même résidant en pays étranger (1). Ce principe a ensuite été inséré dans le Code Charles Albert (2). Ce serait un véritable pas en arrière, ajoutait Mancini, que d'en revenir à l'ancienne théorie du domicile; le domicile étant variable, on porterait atteinte à l'idée pratique de la stabilité du statut personnel. Il peut bien se faire qu'une nation comprenne plusieurs États, et que chacun d'eux ait sa législation particulière; mais le législateur italien respecte cet ordre de choses et entend que l'on applique à chaque individu la loi spéciale de l'État auquel il appartient (3).

10. Ce même législateur, à la différence des autres législateurs, qui ne s'occupent que de l'état et de la capacité personnelle, s'est occupé en outre des rapports de famille en établissant dans l'article 6 des dispositions préliminaires que ces rapports, de même que l'état et la capacité des personnes, sont réglés par la loi nationale (4). Les rapports de famille, abstraction faite de tous autres arguments, sont la

---

(1) Art. 3, 3e alinéa de ce Code. Voir *supra* note 1, sous le n° 8 dans laquelle ce texte est rapporté.

(2) Voir la même note.

(3) Voir les *Procès-verbaux de la commission de coordination des dispositions du Code civil italien*, p. 627.

(4) Voici le texte complet de l'article 6 des dispositions préliminaires du Code civil italien : « l'État et la capacité des *personnes* et les rapports de famille sont régis par la loi de la nation à laquelle elles appartiennent. »

conséquence de l'état de famille, et comme tels ils servent à déterminer les capacités respectives des personnes. Il est juste, dès lors,
pour rendre hommage au principe de nationalité, que les relations
de famille des Italiens à l'étranger soient réglées par les lois italiennes, et que celles des étrangers en Italie le soient par leurs lois
nationales.

11. C'est un principe actuellement admis dans le domaine de la
science que le droit privé est seul *personnel*, et comme tel protège
et accompagne la personne hors de la patrie; au contraire, le droit
public est territorial, c'est-à-dire domine tous les faits qui doivent
s'accomplir sur le territoire du souverain dont il émane, et tous les
individus qui y habitent, aussi bien les étrangers que les nationaux.
Il est bien vrai que l'étranger a le pouvoir absolu d'être régi par les
lois de sa patrie, comme les mieux adaptées à sa manière d'être spéciale, mais une nation a aussi le pouvoir incontestable de se prévaloir
des règles qu'elle juge indispensables pour garantir son existence et
pour assurer la prospérité générale. Parmi les mesures propres à
atteindre ce but, le premier rang est occupé par les dispositions appartenant au droit public. En effet, le droit public, sur le territoire
de la souveraineté dont il émane, sert à fixer la forme du gouverne-
ment, la constitution et la délégation des pouvoirs publics, l'étendue
et les limites de l'exercice de ces pouvoirs, les relations qu'ils doivent avoir avec les individus qui habitent le même territoire, les
règles générales de leur action politique; et, en outre, les prohibi-
tions et les obligations qui sont réputées nécessaires pour la sécurité
et la prospérité de la vie sociale, et les principes servant à régler
les rapports privés de façon à atteindre ce but.

De ces dernières propositions, il résulte que parmi les dispositions
appartenant au droit public quelques-unes font partie du droit public interne proprement dit, tandis que d'autres font partie du droit
civil et du droit commercial. Par exemple, appartiennent au droit
public, bien que réglées par le droit civil, les dispositions qui prohi-
bent les fidéicommis comme contraires à l'ordre économique, ou bien
celles qui établissent le système hypothécaire sur les bases de la
publicité et de la spécialité, en raison des immenses inconvénients
économiques dérivant des hypothèques occultes et générales. De
même appartient aussi au droit public, parce qu'elle est considérée
comme nécessaire pour la sauvegarde de l'ordre moral, la disposition
qui exclut la polygamie et le divorce (1).

12. Dès lors, tandis que le droit privé est obligatoire uniquement

----

(1) Voir art. 819, 1073, 1965, 56 et 148 du Code civil italien.

pour les nationaux, l'État dont il émane n'ayant aucun intérêt à l'appliquer aux citoyens des autres États, au contraire le droit public est obligatoire même pour les étrangers. Il est, en effet, impossible qu'un État, pour favoriser les étrangers, renonce à l'application des dispositions qui ont pour objet de le défendre et de le préserver contre ses ennemis intérieurs et extérieurs et de garantir la jouissance paisible de leurs droits à tous les individus qui vivent sur son territoire. Aussi, lorsque les lois invoquées par l'étranger relativement à son état et à sa capacité personnelle portent quelque atteinte au droit public du pays, aux tribunaux duquel on en réclame l'application, ces lois ne peuvent en aucune façon être appliquées. En d'autres termes, le droit privé est *personnel* et exerce son empire hors des limites du territoire de la souveraineté dont il émane; il protège et accompagne la personne hors de sa patrie, mais à la condition qu'il ne déroge en aucune façon au droit public territorial.

13. Le législateur italien a consacré cette théorie, enseignée par l'école italienne moderne et par d'éminents écrivains des divers pays (1), et qui a remplacé la doctrine statutaire. En effet, aux termes de l'art. 12 des dispositions préliminaires du Code civil italien, jamais les lois, les actes et les sentences d'un pays étranger ne peuvent déroger aux lois du royaume *relatives en quelque manière que ce soit à l'ordre public ou aux bonnes mœurs.*

On pourrait objecter que cet article, limitatif de l'article 6 et des articles suivants dont il sera parlé plus bas, dispose en outre qu'on ne peut déroger aux *lois prohibitives concernant les personnes, les biens ou les actes.* Or toutes ces lois n'appartiennent pas au droit public comme celles concernant l'ordre public ou les bonnes mœurs.

Mais nous avons fait remarquer dans un autre ouvrage (2) que l'article dont s'agit comprend deux règles, l'une de droit civil, l'autre de droit international privé, puisque non seulement on y parle des lois, des actes et des sentences d'un pays étranger, mais encore des *dispositions et conventions privées.* Voici du reste le texte complet de cet article : « *Nonobstant les dispositions des articles pré-*

---

(1) MANCINI, *Lezioni di diritto internazionale, raccolte per cura degli studenti della Università di Torino;* — ESPERSON, *Il principio di nazionalità applicato alle relazioni civili internazionali;* — P. FIORE, *Traité de droit international privé,* traduit par PRADIER-FODÉRÉ; — LAURENT, *Principes de droit civil, introduction;* — BROCHER, *Principes de droit civil privé.*

(2) Voir notre ouvrage déjà cité, *Principio di nazionalità applicato alle relazioni civili internazionali,* ch. IV, § 16, note 1, p. 55.

« cédents, dans aucun cas les lois, les actes et les sentences d'un
« pays étranger, et les *dispositions et conventions privées* ne pour-
« ront déroger aux lois prohibitives du royaume qui concernent les
« personnes, les biens, ou les actes, ni aux lois relatives en quelque
« manière que ce soit à l'ordre public ou aux bonnes mœurs. » La
règle du droit civil consacrée dans cet article l'était déjà par la sa-
gesse romaine, en ce sens que les citoyens n'avaient la faculté que
de déroger aux lois relatives à leurs intérêts particuliers, mais sans
pouvoir le faire pour celles concernant l'ordre public ou les bonnes
mœurs. *Nullum pactum, nullam conventionem, nullum contractum
inter eos volumnus videre subsecutum, qui contrahunt* LEGE CON-
TRAHERE PROHIBENTE. — *Pacta quæ* CONTRA LEGES CONSTITUTIO-
NESQUE, VEL CONTRA BONOS MORES FIUNT, *nullam vim habere
indubitati juris est.* — *Privatorum conventio* JURI PUBLICO NON
DEROGAT (1).

Cette règle, en ce qui concerne les lois relatives à l'ordre public
ou aux bonnes mœurs, même si elle n'avait pas été formulée législa-
tivement, ne pourrait pas être contestée, parce que la doctrine pourrait
facilement, par elle-même, arriver à l'établir. Mais on a voulu la com-
pléter relativement aux lois prohibitives, et l'on a ainsi mis un
terme aux questions qui peuvent s'élever à l'occasion des conventions ou des dispositions qui sont l'œuvre des citoyens, soit dans
leur patrie, soit à l'étranger, en disant explicitement qu'on ne pourra it point déroger aux lois ayant un caractère prohibitif (2).

L'autre règle de droit international privé consacrée ensuite dans
notre article, c'est que les lois, les actes et les sentences d'un pays
étranger ne peuvent point déroger aux lois du royaume, sans distinguer si elles sont prohibitives ou impératives, quand elles intéressent
l'ordre public ou les bonnes mœurs. En formulant cette règle, notre
législateur a rendu hommage à la théorie que nous avons précédemment énoncée, aux termes de laquelle le droit privé étranger est
inapplicable lorsqu'il est contraire au droit public territorial. En
effet, les lois relatives à l'ordre public et aux bonnes mœurs appartiennent non pas au droit privé, mais bien au droit public, car elles
ont pour but de pourvoir à la sécurité et à la prospérité de la vie
sociale.

---

(1) L. 5, Cod. *de Legibus;* L. 6, Cod. *de Pactis;* L. 45, Dig., *de regulis juris.*

(2) Voir *Le Code civil italien et le Code Napoléon, études de législation comparée,* par Th. Huc.

Du reste, il résulte des discussions au sein de la commission de coordination que l'article 12 doit être interprété dans le sens que nous indiquons. Dans la première rédaction, il était dit que dans aucun cas on ne pouvait déroger aux lois du royaume, *régulatrices des personnes, des biens et des actes dans toutes les matières concernant l'ordre public et les bonnes mœurs.* L'un des commissaires fit observer *qu'en disant lois régulatrices des personnes, des biens et des actes,* on comprenait toutes les lois civiles, et que par là on donnerait une extension trop exagérée au principe qu'on voulait consacrer. Aussi proposait-il, et la commission acceptait-elle une autre rédaction, qui avait obtenu en même temps l'adhésion d'un autre commissaire. Il proposait de modifier la dernière partie de l'article en établissant *qu'on ne pourrait, dans aucun cas, déroger aux lois du royaume alors qu'elles contiennent des dispositions prohibitives concernant les personnes, les biens ou les actes, dans toutes matières qui intéressent l'ordre public ou les bonnes mœurs.* On résolut en outre d'ajouter en principe les mots : *nonobstant les dispositions des articles précédents,* pour montrer que la règle consacrée par l'article 12 est considérée comme un *tempérament correctif* des dispositions des articles précédents.

La commission ne voulut donc point modifier la pensée des premiers rédacteurs ; elle entendit seulement empêcher qu'on donnât à la disposition qu'on allait consacrer une signification trop extensive. Toutefois il semble évident que si on voulait appliquer textuellement l'article tel qu'il est formulé dans cette dernière rédaction, on lui donnerait au contraire une signification plus large, puisqu'il y est dit qu'on ne peut dans aucun cas déroger non seulement aux lois concernant l'ordre public et les bonnes mœurs, mais encore aux lois prohibitives concernant les personnes, les biens et les actes. Mais toute difficulté se trouve résolue en faisant remarquer qu'on doit appliquer aux unes et aux autres de ces lois le principe de droit civil consacré par la législation italienne, et aux termes duquel il ne peut y être dérogé par les conventions ou par les dispositions privées des nationaux, pas plus en Italie qu'à l'étranger. Au contraire, c'est uniquement aux lois concernant l'ordre public ou les bonnes mœurs que se rapporte le principe de droit privé international, d'après lequel ces lois, appartenant au droit public, ne peuvent être l'objet d'aucune dérogation en vertu des lois, des actes ou des sentences d'un pays étranger.

Il est évident que si ce principe s'étendait aussi à toutes les lois prohibitives concernant les personnes, les biens ou les actes, bien que ne concernant nullement en même temps l'ordre public ou les bonnes mœurs, l'article 12, au lieu d'être un *tempérament correctif* des articles précédents, les détruirait presque entièrement. Nous ne parlerons actuellement que des lois prohibitives concernant les personnes. A cette catégorie appartiennent les lois qui établissent des incapacités, en interdisant dans certains cas et à certaines personnes l'exercice d'un droit ou d'une faculté, telle est par exemple la loi qui défend aux femmes d'accomplir certains actes de la vie civile sans l'autorisation maritale (1). Dès lors, étant donné qu'une loi étrangère ne puisse point déroger aux lois italiennes concernant les personnes, ce sera une conséquence légitime de cette règle que la prohibition que nous venons d'énoncer sera applicable à une femme étrangère, même lorsque la loi nationale du mari (*voir infra*) lui accorde la plénitude de ses droits. De cette façon on ferait une lettre morte de la disposition de l'article 6, d'après laquelle la capacité des personnes et les rapports de famille sont réglés par leur loi nationale.

15. Ainsi donc, sauf la restriction énoncée, les questions relatives à l'état, à la capacité des personnes et aux rapports de famille, devront être décidées en conformité avec la loi de la nation à laquelle appartiennent les parties litigieuses.

Ce sera pour cela d'après cette loi qu'on devra avant tout juger si un étranger est majeur, ou s'il est mineur, célibataire ou marié ; fils légitime ou illégitime, ou simplement naturel ; *sui juris*, ou *alieni juris*, etc.

16. On devra également recourir à la loi nationale de l'étranger pour déterminer sa capacité ou son incapacité pour jouir de droits et pour contracter des obligations. Peu importe qu'il s'agisse de capacité générale ou absolue ou de capacité relative ; si le contrat est conclu par un étranger, les magistrats italiens devront le déclarer valable, ou bien nul suivant que cet étranger était capable ou incapable aux termes de la loi de son pays, quelles que soient du reste les prescriptions de la loi nationale de l'autre partie contractante, puisque chacun des contractants doit avoir uniquement la capacité requise par sa loi personnelle.

17. Le principe que la capacité est réglée par loi nationale étant général, s'applique aussi bien aux obligations contractées sous la forme d'effets de commerce, qu'aux obligations purement civiles. En

---

(1) Art. 134 du Code civil italien. Voici le texte de cet article : « La femme *ne peut* donner, aliéner des biens immobiliers les grever d'hy- « pothèques, contracter des prêts, céder ou recouvrer des capitaux, se « constituer de sûreté ni transiger ou ester en justice relativement à « de tels actes sans l'autorisation du mari. »

effet, les dispositions préliminaires du Code civil italien ont été établies pour régler la publication, l'interprétation et l'application des lois en général, et, comme telles, sont applicables aux lois commerciales elles-mêmes.

Dès lors, les obligations des divers débiteurs qui concourent à l'émission, à l'acceptation, à l'endossement ou à l'aval d'une lettre de change étant différentes, les magistrats italiens devront décider les questions relatives à la capacité de chacun d'eux en se conformant à la loi de la nation à laquelle il appartient, même lorsque l'acte qui a donné naissance à son obligation a eu lieu en pays étranger (1).

18. La loi allemande sur les lettres de change porte, dans l'article 84, que la capacité relative aux lettres de change de l'étranger s'apprécie d'après la loi de l'Etat auquel il appartient; mais on y lit ensuite : « Toutefois, un étranger qui, d'après les lois de sa patrie, « est incapable de contracter des obligations par suite de l'émission « de lettres de change, est tenu relativement à celles qu'il émet « dans ces Etats en tant qu'il est capable à cet effet d'après les lois « qui y sont en vigueur. » Dès lors une femme italienne non commerçante, qui d'après sa loi nationale est incapable de s'engager par une lettre de change (2), si elle a souscrit une lettre de change dans un pays régi par la loi précitée, devra être déclarée obligée par les tribunaux de ce pays, le législateur allemand ayant disposé, sans distinction de sexe, que toute personne qui peut contracter peut s'engager par une lettre de change (3).

Du reste, il ne manque pas d'auteurs pour soutenir la doctrine consacrée par la loi allemande sur les lettres de change relativement aux obligations contractées par les étrangers qui ont souscrit une lettre de change; et même certains législateurs ont étendu cette doc-

(1) Voir notre livre intitulé : *Diritto cambiario internazionale*, tit. Ier et II.

(2) Aux termes de l'article 199 du Code de commerce italien la souscription par une femme non commerçante d'une lettre de change, même en qualité d'endosseur, n'est réputée à son égard qu'une simple obligation, c'est-à-dire n'est considérée que comme une obligation civile et par conséquent ne comporte pas les conséquences dérivant d'une lettre de change ordinaire.

(3) Art. 1er de la loi allemande sur les lettres de change. De même en Angleterre, en Danemark, en Norwège, dans les Pays-Bas et aux Etats-Unis d'Amérique la capacité de s'obliger par lettres de change est la même que celle de s'obliger par un contrat de droit civil. — Cf. Question 21, *Journal du Droit intern. privé*, 1879, p. 279. Paris, 10 juillet 1880, le *Droit*, 8 août 1880.

trine à toutes les obligations (1). On dit à l'appui de cette doctrine, qu'on ne saurait rien reprocher à une personne qui a contracté de bonne foi avec une autre personne dont elle ignorait la loi personnelle; qu'il incombait à l'étranger de s'abstenir de contracter, et que, s'il a agi autrement, il doit être considéré comme capable, par application du principe : *qui cum alio contrahit, t inquam subditus temporarius legibus loci subjicitur* (2).

Cette théorie est justement conjurée par des écrivains d'une très grande valeur, entre autres par Fœlix, Massé, Pardessus (3). C'est un principe juridique incontesté que la personne qui contracte avec une autre personne doit connaître la condition juridique de cette personne; *qui cum alio contrahit, vel est, non debet esse ignarus conditionis ejus* (4). Le seul fait de savoir qu'il traite avec un étranger doit suggérer au contractant l'idée d'être prudent et de s'informer si celui-ci est capable aux termes de sa loi personnelle. Lorsqu'il a négligé de le faire, il doit s'imputer d'avoir contracté un engagement qui n'est obligatoire que pour lui-même.

Aussi la disposition de la loi allemande sur la lettre de change ne peut nullement se justifier (5). Elle est contraire aux principes de droit privé international, d'après lesquels nous avons vu (§ 8) que le caractère d'incapacité imprimé à un individu par le législateur de son pays est indélébile, et dès lors le suit même à l'étranger, de la même façon que la capacité qui lui est reconnue par ce même législateur.

19. Après cette digression sur la loi allemande relative aux lettres de change, nous en revenons au principe consacré par le législateur italien, que les questions relatives à l'état et à la capacité des personnes doivent être résolues d'après leur loi nationale. Ce

(1) Aux termes des Co les prussien et autrichien, les étrangers qu contractent en Prusse ou en Autriche s'obligent valablement s'ils sont capables d'après l'un ou l'autre de ces Co les, bien qu'ils soient incapables d'après leur loi nationale.

(2) GROTIUS, *De jure belli et pacis*, lib. II, D. 11, § 5, nº 2 ; — BURGE *Revue étrangère*, t. VI ; — VALETTE, *sur Proudhon, Traité de l'état des personnes*, t. I.

(3) FŒLIX, *Droit international privé*, t. I, nº 88 ; — MASSÉ, *Le droit commercial dans ses rapports avec le droit des gens et le droit civil*, § 144 ; — PARDESSUS, *Cours de droit commercial*, nº 1482. — Cf. Paris, 10 juin 1879. *Journal du droit international privé*, 1879, p. 418.

(4) L. 19. Dig., *De regulis juris*.

(5) V. notre ouvrage déjà cité, *Diritto cambiario internazionale*, tit. II. note 16, p. 17, note dans laquelle se trouvent rapportés et combattus les arguments émis dans les conférences de Leipzig pour justifier a disposition dont s'agit.

principe, ainsi que nous l'avons dit plus haut, souffre une exception dans le cas où cette loi est contraire au droit public italien. Ainsi les tribunaux italiens ne pourront pas considérer comme esclaves et dès lors comme frappés de la *maxima capitis diminutio*, une personne qui a cette qualité d'après la loi nationale du pays de son prétendu maître. En effet, l'esclave devient libre *ipso jure* par le seul fait qu'il entre dans un pays où l'esclavage est proscrit, cette atteinte à l'humanité étant contraire au droit public des peuples dont les lois fondamentales ont pour base la liberté et l'égalité juridique (1).

De même un Juif qui dans son pays serait privé de la jouissance des droits civils pourrait s'en prévaloir en Italie, l'incapacité établie par sa loi nationale étant contraire au droit public italien, dans lequel, pour rendre hommage à la liberté de conscience, se trouve consacrée l'égalité de tous les citoyens devant la loi, sans distinction de religion (2).

20. Nous avons vu dans la première partie de cette étude (§ 18), que les personnes morales légalement reconnues à l'étranger jouissent en Italie des droits civils attribués aux citoyens. Nous ajouterons ici, par application du principe, que la capacité des personnes est réglée par la loi nationale (principe qui dans sa généralité comprend aussi bien les personnes juridiques que les personnes naturelles), que cette jouissance sera réglée par la loi du lieu où la personne juridique ou être collectif a son siège, loi qui à son égard peut être dite loi nationale. Toutefois il ne doit être fait aucune dérogation aux dispositions du droit public italien. Dès lors une corporation religieuse étrangère ne pourrait pas acquérir et posséder des biens en Italie, bien qu'elle eût son siège dans un État où les lois lui reconnaissent une personnalité juridique. C'est pour des raisons politiques, économiques, et nous ajouterons même morales, qu'on a supprimé les corporations religieuses et qu'on a remis en libre circulation une grande masse de biens qui avait été retirée du commerce au très grand préjudice de la nation. Dès lors la loi qui a décrété la

____

(1) La présence de l'ex-kédive d'Égypte et de son harem qui se sont fixés aux environs de Naples, depuis la chute d'Ismaïl-Pacha, ont donné occasion à l'application de ces règles.

Une des femmes d'Ismaïl, éprise d'un Napolitain, s'est enfuie du harem, et s'est réfugiée dans une petite municipalité de Naples, où elle a requis les autorités de procéder à son mariage avec le sujet italien en question. Le préteur a d'abord hésité, mais sur une consultation favorable du ministère, il a passé outre à la célébration. (*Daily-News*, 13 mars 1880.)   (N, DE LA RÉD.)

(2) Art. 24 du statut fondamental.

suppression de ces corporations, est une loi d'ordre public, dont les dispositions ne peuvent être atteintes par celle d'une loi étrangère.

Du reste l'incapacité imprimée par la loi nationale étant indélébile (voir *supra*, § 8), il en résulte qu'une corporation religieuse italienne sera incapable d'acquérir et de posséder des biens dans un pays où les corporations religieuses ont conservé légalement leur personnalité juridique.

21. Finalement, c'est d'après la loi nationale que doivent être réglés les rapports de famille, c'est-à-dire les rapports entre le mari et a femme, entre les parents et leurs descendants, entre le mineur et son tuteur.

22. Pour les rapports entre époux, s'il s'agit d'époux de nationalité différente, la loi applicable sera celle du mari, cette loi devenant la loi nationale de la femme. En effet, par le fait du mariage, la femme acquiert la nationalité du mari (1). Du reste, même si elle ne l'acquérait pas, cela importerait peu, le principe de l'unité de la famille exigeant que la loi nationale du mari qui en est le chef ait la prépondérance, et la femme ayant par conséquent entendu s'y soumettre.

Une femme étrangère pourrait dès lors accomplir un acte quelconque de la vie civile sans l'autorisation de son mari, si aux termes de la loi nationale de ce dernier cette autorisation n'était pas requise (2).

23. La question de l'existence ou de l'inexistence du divorce ou dissolution du lien conjugal étant relative aux rapports conjugaux, c'est d'après la loi nationale du mari que cette question devra être décidée. Dès lors le mariage contracté entre deux Italiens ou entre un Italien et une étrangère devrait être déclaré partout indissoluble, puisque aux termes du Code civil italien la mort seule peut légitimement dissoudre cette union (3). Peu importe que ces époux aient transféré leur domicile ou leur résidence dans un pays où le divorce est admis, un tel transfèrement ne pouvait avoir pour effet d'attribuer des droits qui ne sont pas reconnus par la loi nationale, ni d'enlever ceux qui sont garantis par elle. En outre la dissolution du lien conjugal produit un changement dans l'état ou condition juridique du mari et de la femme, puisque de conjoints elle fait des célibataires, et c'est là un motif de plus pour appliquer la loi nationale.

---

(1) Art. 9 et 11 du Code civil italien.

(2) Cf. en France, trib. civ. Seine, 6 août 1878, *Journal du droit international privé*, 1879, p. 62. (N. DE LA RÉD.)

(3) Art. 148.

Esp. 4

24. Par réciprocité, si deux époux étrangers venaient à s'établir en Italie, il semblerait qu'ils devraient pouvoir intenter devant les tribunaux italiens l'action tendant à obtenir le divorce, lorsqu'il serait admis aux termes de leur loi nationale. Toutefois, la disposition du Code civil italien relative à cette matière se rapportant à l'ordre public et aux bonnes mœurs, les tribunaux italiens devraient repousser l'action proposée, c'est-à-dire juger conformément aux dispositions de notre Code civil et non pas suivant la loi étrangère invoquée par l'une ou par l'autre des parties en cause.

25. C'est d'après la loi nationale des parents que devront être déterminés les rapports entre eux et leurs descendants. Il pourra fort bien arriver que deux lois distinctes soient applicables dans ce cas, parce que s'il s'agit d'un enfant légitimé par décret du souverain ou reconnu par des parents non unis par le mariage, la loi nationale du père réglera les rapports de filiation paternelle, tandis que les rapports de filiation maternelle seront régis par la loi nationale de la mère. Mais la loi nationale du père sera seule applicable pour régler ces deux sortes de rapports, lorsqu'il s'agira d'un fils légitime, légitimé par un mariage subséquent, ou adopté par deux époux. Alors, en effet, les rapports de mari et de femme existant entre le père et la mère, la même loi qui régit leurs relations juridiques réglera aussi celles qui existent entre eux et leurs descendants.

Ainsi la fille d'un Autrichien pourrait intenter contre son père, devant les tribunaux italiens, une action en constitution de dot, cette action étant admise d'après le Code civil autrichien (1). Réciproquement, la fille d'un Italien ne pourrait pas intenter une semblable action devant les tribunaux autrichiens, le législateur italien ne reconnaissant pas aux fils le droit d'exiger une dot pour cause de mariage, pas plus qu'à aucun autre titre (2).

La disposition consacrée par le même législateur relativement à la recherche de la paternité (3), étant basée sur des considérations d'ordre public et de moralité, cette recherche ayant été considérée comme scandaleuse et contraire au repos des familles, un fils naturel ne pourrait pas être admis en Italie à prouver sa filiation pour succéder à une personne dont il prétend être le fils ou pour demander à cette personne encore vivante des aliments, même dans le cas où la loi nationale de cette personne admet cette preuve.

26. Enfin la tutelle, tant pour la dévolution que pour l'exercice

______

(1) § 1220.
(2) Art. 147, Code civil italien.
(3) Art. 189, Code civil italien.

des fonctions de tuteur sera réglée par la loi nationale du mineur.
Il est indifférent que le tuteur ait ou non la nationalité de son pu-
pille. En effet, les lois relatives à la tutelle ont pour objet d'assurer
au mineur la protection d'une personne dont l'aide lui est nécessaire parce qu'il n'a pas encore atteint l'âge de discernement; aussi
dans le cas où le mineur et le tuteur appartiennent à des nationalités différentes, la loi du mineur doit prévaloir. Du reste, les dispositions relatives à la tutelle étant le complément de celles relatives
à la minorité, se rapportent à l'état et à la capacité personnelles.
Aussi est-ce un motif de plus pour n'avoir égard qu'à la loi nationale du mineur.

27. Si à l'occasion de l'application du principe consacré par le législateur italien que la loi nationale doit régir l'état, la capacité et
les rapports de famille des personnes, il surgit une contestation relativement à la nationalité d'un individu sur l'état, sur la capacité
ou sur les rapports de famille duquel il s'agit de statuer, on doit résoudre cette question en appliquant les règles de droit relatives à la
perte et à l'acquisition de la nationalité consacrées par le législateur
de la nation, à laquelle on conteste qu'il appartient (1).

28. Le législateur italien n'a pas seulement formulé le principe
général que nous avons énoncé plus haut, mais encore il a fait une
application spéciale au mariage des citoyens en pays étranger et
des étrangers en Italie.

En effet, d'après l'article 100 du Code civil, « le mariage conclu
« en pays étranger entre citoyens ou entre un citoyen et un étran-
« ger, est valide, pourvu qu'il soit célébré d'après les formes établies
« dans ce pays, et pourvu que le citoyen n'ait pas contrevenu aux
« dispositions contenues dans la section deuxième du chapitre pre-
« mier de ce titre », c'est-à-dire aux dispositions relatives à la capacité des contractants. Nous ne nous occuperons présentement que
de la seconde partie de cet article, nous réservant de parler de la
première partie lorsque nous traiterons des formes extrinsèques des
actes.

La capacité des Italiens pour contracter mariage à l'étranger se
trouve donc régie par les dispositions du Code civil italien. Ainsi,
par exemple, dans un pays où le mariage se trouve régi par le droit
canon, la loi civile se référant aux dispositions de ce droit, un Italien ne pourrait point se marier valablement avant d'avoir, si c'est

(1) Ces dispositions se trouvent consacrées dans les articles 4-15 du
Code civil italien. Voir notre ouvrage déjà cité, *Il principio di
nationalita applicato alle relazioni civili internazionali*, ch. IV,
§ 17.

un homme, atteint l'âge de 18 ans, si c'est une femme, l'âge de 15 ans, ainsi que cela résulte de l'article 55 de notre Code civil. Jamais, dès lors, l'Italien ne pourrait se prévaloir des dispositions du droit canon aux termes desquelles l'homme est capable de contracter mariage à 14 ans et la femme à 12 ans (1). En effet, tant qu'il conservera sa qualité d'Italien, l'incapacité qui lui est imprimée par sa loi nationale le suit partout.

Dans le même pays également, un fils qui n'a pas l'âge de 25 ans accomplis et une fille qui n'a pas 21 ans accomplis auraient besoin du consentement de leurs ascendants, de leur conseil de famille ou de tutelle, dans les formes prescrites dans les articles 63, 64, 65 et 66 du Code civil italien. L'absence de ce consentement pourrait faire annuler le mariage, quand cependant, aux termes du droit canon en vigueur dans ce pays, l'absence de ce consentement serait uniquement considérée comme un empêchement *prohibitif* ayant pour effet de le rendre illicite mais non point nul.

29. Réciproquement, l'article 102 dispose que « la capacité de « l'étranger pour contracter mariage est déterminée par les lois du « pays auquel il appartient.

« Cependant l'étranger est soumis aux *empêchements* établis « dans la seconde section du chapitre premier de ce titre. »

30. A première vue, il semble que la seconde disposition détruise la première. En effet, au nombre des empêchements auxquels elle se réfère se trouve celui relatif au défaut d'âge suffisant, du consentement des parents, du conseil de famille ou de tutelle (2). Si donc l'étranger est soumis aux dispositions du Code civil italien relativement à ces empêchements, il n'est plus vrai de dire que sa capacité pour contracter mariage soit déterminée par les lois du pays auquel il appartient, et d'autre part on déroge au principe que ces mêmes lois doivent servir à régler les rapports de famille, car c'est par suite de ces rapports que le mineur ne saurait contracter mariage sans le consentement de ses parents.

On doit toutefois remarquer qu'à proprement parler le défaut d'âge suffisant requis par la loi, ainsi que le défaut du consentement des ascendants, du conseil de famille ou de tutelle, ne constituent pas de véritables empêchements. En effet, Duranton fait remarquer fort à propos que le législateur établit différentes conditions en l'absence desquelles il n'existe pas de capacité de contracter mariage, ou du moins il n'existe qu'une capacité imparfaite. Parmi

---

(1) Ch. X, *De Desponsationibus.*
(2) Art. 55, 63, 64, 65, 66.

ces conditions, les unes sont affirmatives, les autres négatives. Les conditions affirmatives consistent dans l'exécution d'un fait donné nécessaire pour contracter mariage. A cette catégorie appartiennent la puberté, le consentement des parties et des personnes sous la puissance desquelles se trouvent les futurs. Les conditions négatives consistent en ce qu'un fait donné ne doit point exister pour que le mariage puisse avoir lieu. Telle serait l'existence d'un précédent mariage, telle encore la parenté. Ces conditions prennent le nom d'empêchements (1). De même Ahrens, pour ne point parler des autres auteurs, donne le nom d'empêchements aux seules conditions négatives (2).

Cette observation préalablement faite, nous ferons remarquer que le législateur italien n'assujettit pas l'étranger à toutes les *conditions* requises pour contracter mariage dans la seconde section du chapitre Ier du titre V. Il a uniquement voulu appliquer à l'étranger les dispositions concernant les véritables empêchements, en d'autres termes les conditions négatives, sans lui imposer en même temps celles relatives aux conditions affirmatives.

C'est avec raison, du reste, que les dispositions relatives aux conditions affirmatives ne sont pas applicables à l'étranger. Elles n'ont en effet pour objet que de régler la capacité des contractants et que de déterminer les effets dérivant des rapports de famille; aussi ces dispositions ne sont-elles applicables qu'aux nationaux et les étrangers restent-ils régis, comme mieux adaptées à leur condition, par les dispositions légales en vigueur dans leur pays. Au contraire, les règles relatives aux conditions affirmatives, en d'autres termes aux vrais empêchements, ont trait à l'ordre public et aux bonnes mœurs. Elles sont inspirées par des considérations de haut intérêt social et sont dès lors applicables même aux étrangers (3).

31. Ainsi, un étranger pourrait contracter mariage en Italie à 14 ans, s'il était un homme, et à 12 ans s'il était une femme, dans le cas où il appartiendrait à un pays où le mariage est régi par le droit canon. De même, pour cet étranger, l'absence du consentement des ascendants, du conseil de famille ou de tutelle ne pourrait pas avoir pour effet de rendre son mariage nul. L'application de la

---

(1) Duranton, *Droit civil français,* liv. 1, tit. V, ch. I.

(2) Ahrens, *Cours de droit naturel,* t. II, Droit social, 2e partie, sect. 3, § 2.

(3) Voir Esperson, *Il principio di nazionalità applicato alle relazioni civili internazionali,* cap. IV, § 20; — Borsari, *Commentario del Codice civile italiano,* §§ 51, 200.

loi de l'étranger a-t-elle peut-être pour effet de porter atteinte à l'ordre public ou aux bonnes mœurs? Le but du législateur italien est atteint par l'application aux citoyens des dispositions par lui édictées; mais le principe de nationalité s'oppose à ce que ces dispositions puissent être appliquées aux étrangers.

Au contraire un étranger ne pourrait pas contracter un nouveau mariage en Italie s'il était lié par une précédente union, bien qu'il appartienne à un Etat dont le législateur ne défend pas la polygamie. Il s'agit, en effet, d'un véritable empêchement dont le but est de sauvegarder la morale publique. De même les empêchements à raison de la parenté ou de l'alliance s'imposeraient à l'étranger, aussi bien que tous les autres empêchements établis, non dans l'intérêt des particuliers, mais dans l'intérêt public (1).

32. On se demande si un étranger qui a obtenu dans sa patrie la dissolution du lien conjugal, en d'autres termes le divorce, pour une cause admise d'après sa loi nationale, pourrait contracter un mariage valide en Italie, où le législateur, ainsi que nous l'avons vu, considère la mort comme la seule cause légitime de dissolution du lien conjugal. En 1868 nous avons résolu cette question dans le sens de la négative par le motif que la loi nationale de l'étranger, d'après laquelle devrait être réglée sa capacité, ne saurait prévaloir sur la disposition du Code civil italien d'après laquelle le divorce est interdit, cette disposition ayant pour but de sauvegarder l'ordre public et les bonnes mœurs (2).

Mais en 1872 nous avons changé d'avis et nous avons soutenu dans la chaire de droit international de l'Université de Pavie que la qualité de conjoint divorcé, conformément à la loi nationale, suit l'étranger en Italie, de telle sorte qu'il peut y contracter un mariage valable. Nous persistons du reste à professer cette doctrine qui est celle de nombreux écrivains (3) et qui a été consacrée par la Cour de cassation française le 18 février 1860 à la suite de réquisitions conformes du procureur général Dupin (4).

---

(1) Voir art. 56, 57, 59, 62, C. civ. italien.

(2) *Il principio di nazionalità applicato alle relazioni civili internazionali*, cap. IV, § 21.

(3) Merlin. *Questions de droit*, etc., *Divorce*, § 13; — Demolombe, *Traité du mariage*, t. I, nº 101, t. III, nº 230; — Westlake, *Private international Law*, nº 350; — Saredo, *Trattato di Diritto civile italiano*, § 51; — F. Fiore, *Diritto internazionale privato*, § 151.

(4) *Journal du Palais*, t. XVIII, p. 1022, t. XXXI, p. 15. — Cf. Douai, 8 janvier 1877, *Journal du droit internat. privé*, 1877, p. 39 et *ibid*, 1878, p. 409; 1880, p. 298.

Il est indubitable que la loi aux termes de laquelle le divorce est interdit est d'ordre public et qu'elle a pour objet d'assurer le respect des bonnes mœurs, car elle est inspirée par des considérations de haut intérêt social. D'après quelques auteurs il serait bien difficile de le démontrer, puisque les pays dans lesquels le divorce est admis (Angleterre, Hollande, quelques-uns des Etats allemands, Suisse, Etats-Unis) sont, au point de vue de la moralité, supérieurs à presque toutes les nations de race latine, chez lesquelles le mariage est indissoluble. De plus, on dit que l'on ne sait pas jusqu'à quel point il est convenable, au point de vue des bonnes relations internationales, de déclarer que toutes les nations les plus civilisées, en admettant le divorce, foulent au pied l'ordre public et les bonnes mœurs qui ne seraient respectées que chez nous.

Mais il faut considérer qu'une institution peut être envisagée dans un pays comme contraire et dans un autre comme non contraire à l'ordre public ou aux bonnes mœurs, car tout dépend du point de vue spécial auquel s'est placé le législateur. Ainsi, par exemple, tandis que certains législateurs condamnent comme contraires aux intérêts économiques les substitutions fidéicommissaires, d'autres, au contraire, leur assurent la protection juridique. De même dans un pays on admet l'emphytéose, tandis que dans un autre elle est prohibée. De même encore, tel législateur admet les hypothèques générales et occultes, tandis qu'un autre les rejette pour des considérations d'intérêt général. De même enfin, dans certains pays l'empêchement à raison de la parenté est très étendu, quand au contraire dans d'autres il est restreint aux premiers degrés. Encore un exemple. Sans vouloir discuter s'il est ou non préférable d'admettre ou de rejeter la recherche de la paternité, il est néanmoins certain qu'aussi bien la loi qui défend que celle qui permet cette recherche est basée sur des considérations d'ordre public et de moralité. En permettant cette recherche, le législateur estime qu'en obligeant ceux qui engendrent hors du mariage à remplir les obligations que la nature impose et à en supporter toutes les charges, il peut opposer une digue aux unions illégitimes. Au contraire, en proscrivant une telle recherche, il les considère, ainsi que nous l'avons vu plus haut (v. § 25), comme scandaleuses et contraires à la tranquillité des familles. Tout donc dépend de la manière différente dont on envisage une institution; il arrive, dès lors, que de même que les dispositions d'ordre privé ne sont point uniformes dans tous les pays, de même celles qui ont trait à l'ordre public ou aux bonnes mœurs ne le sont point davantage. Les unes et les autres portent, en effet, l'empreinte du peuple pour lequel elles ont été édictées.

Voilà comment on peut expliquer que le divorce, condamné dans un pays pour des raisons d'ordre public et de moralité publique, dans un autre, au contraire, soit également pour des raisons d'ordre public et de moralité publique, considéré comme un remède qui a pour but d'éviter les délits et la corruption qu'engendrent l'indissolubilité du mariage et la séparation de corps admise dans les pays où ces institutions sont établies. Mais de ce qu'on regarde comme conforme à l'ordre public et aux bonnes mœurs la loi qui rejette le divorce, s'ensuit-il que cette loi soit applicable à l'étranger dont le législateur national l'admet? Oui certainement, mais seulement en ce sens, ainsi que nous l'avons dit plus haut (§ 24), que les tribunaux italiens devraient refuser d'admettre l'action intentée par deux conjoints pour obtenir la dissolution de leur mariage en se fondant sur ce que le divorce est admis aux termes de leur loi nationale. Il est évident qu'en pareil cas, par application de l'article 12 des dispositions préliminaires du Code civil italien, la loi italienne devrait primer la loi étrangère.

Mais lorsqu'un étranger a obtenu le divorce dans son pays et qu'il se présente en Italie devant un officier de l'état civil, et, se conformant à la prescription de l'article 103 du Code civil italien, produit une déclaration de l'autorité compétente du pays auquel il appartient de laquelle il résulte que, *d'après les lois dont il dépend rien ne s'oppose au mariage projeté*, on ne saurait lui appliquer la disposition de ce même Code dans laquelle on attribue au mariage le caractère d'indissolubilité. Il est bien vrai qu'aux termes de l'article 56 une personne liée par un précédent mariage ne saurait contracter une nouvelle union, et qu'aux termes de l'article 102 précité cet empêchement est opposable même à un étranger. Toutefois, on ne saurait plus parler d'un précédent mariage alors que ce mariage se trouve dissous d'après la loi qui est applicable à l'étranger qui veut se remarier. En somme, nous ne devons pas nous occuper des actes précédemment accomplis par l'étranger, car il suffit pour qu'il puisse contracter mariage que rien aux termes de cette même loi ne s'oppose à une nouvelle union, qu'en d'autres termes il soit libre de tous liens précédents sans que nous ayons à rechercher comment il a divorcé.

PIETRO ESPERSON,
Professeur à l'Université de Pavie.
(Traduction de M. Ch. ANTOINE, *substitut du procureur de la république à Vouziers.*)

ERRATA.

Le Droit international privé dans la législation italienne (Pietro Esperson).

Sommaire : A la page 245, no 1, au lieu de — propositions — dispositions.

N° 7, ligne 1 et 2, au lieu de — et a considéré — en considérant.

N° 14, ligne 1, au lieu du — analyse des dispositions de l'article 12 — analyse de l'article 12.

Texte : A la page 249, lignes 24 et 25 au lieu — des principes — du principe.

Page 250, ligne 21, au lieu — un étranger en entrant — un individu en entrant.

Page 251, note 1, au lieu de — 25 ans — 24 ans.

Page 253, ligne 31, au lieu — criminel — commercial.

Page 257, ligne 19, au lieu de — aussi — pour cela. — Note 1, au lieu — des sûretés — sûreté.

Page 258, note 2, ligne 1, au lieu de — et n'est considérée — c'est-à-dire n'est considérée.

Page 259, ligne 8, au lieu de — soutenue — justement censurée. — Ligne 24, au lieu de — Pierro — Pierre.

Page 341, ligne 30, au lieu de — intrinsèques — extrinsèques.

Page 343, ligne dernière, au lieu de — mais l' — L'.

Page 344, ligne 4, au lieu de — n'a-t-elle pas — a-t-elle peut-être.

Page 344, note 2, au lieu de — alli — alle.

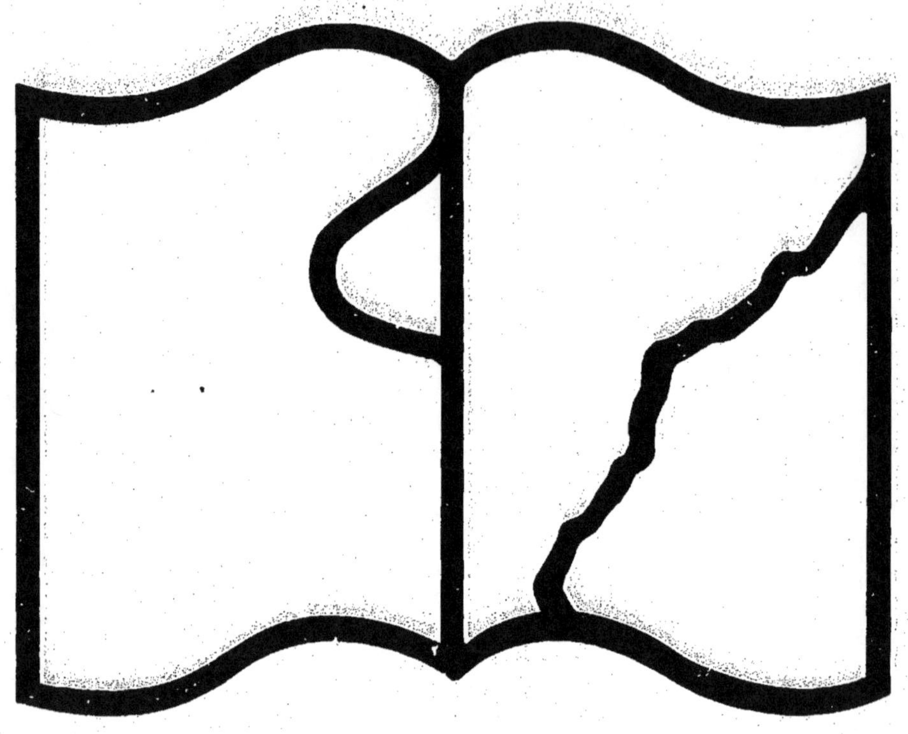

Texte détérioré — reliure défectueuse

NF Z 43-120-11